DISCOURS

Prononcé dans la Chapelle des Carmélites

DE REIMS

Le 17 Octobre 1882

A L'OCCASION DU

TROISIÈME CENTENAIRE

DE

SAINTE THÉRÈSE

PAR

M. l'abbé J. GILLET,

Supérieur du Petit-Séminaire de Reims

IMPRIMERIE COOPÉRATIVE DE REIMS, RUE PLUCHE, 24.

(N. Monce, dél.).

1882

DISCOURS

Prononcé dans la Chapelle des Carmélites

DE REIMS

Le 17 Octobre 1882

À L'OCCASION DU

TROISIÈME CENTENAIRE

DE

SAINTE THÉRÈSE

PAR

M. l'abbé J. GILLET.

SUPÉRIEUR DU PETIT-SÉMINAIRE DE REIMS

IMPRIMERIE COOPÉRATIVE DE REIMS, RUE PLUCHE, 24.
X. Monce, dél.-j.

1882

DISCOURS

Prononcé dans la Chapelle des Carmélites de Reims

LE 17 OCTOBRE 1882

A L'OCCASION

du Troisième Centenaire de Sainte Thérèse

Mes Révérendes Mères,
Mes Frères,

Quand un arbre a été planté dans un enclos de famille, en un jour mémorable, qu'il a lentement fortifié son tronc et développé ses rameaux, on aime, au soir des plus solennels anniversaires, à se réunir sous son feuillage, à évoquer le souvenir des ancêtres qui l'ont planté et des générations qui sont venues se reposer sous son ombre.

Or, dans ce vaste domaine qui s'appelle l'Eglise de France, il est une institution qui, semblable à un arbre magnifique a été implantée dans des circonstances dignes de souvenir, a dilaté ses branches, rafraichi la terre, conservé la rosée du ciel, abrité de nombreux voyageurs; cet arbre c'est le Carmel français. Au soir de ce triduum dont vous avez suivi si fidèlement les exercices, il ne déplaira peut-être pas à votre piété de venir un instant vous asseoir à ses pieds, et d'en écouter l'édifiante et sainte histoire. On ne saurait mieux louer sainte Thérèse qu'en la racontant ; car c'est un des germes les plus vigoureux issus de sa réforme.

Toutefois les rameaux de ce bel arbre sont si multiples qu'il faut renoncer à la tâche d'évoquer les souvenirs qui se rattachent à chacun d'eux. Nous nous bornerons à envisager, dans la première partie de cette instruction, le tronc même de l'arbre, le Carmel de Paris. De ce tronc se détache une première et puissante branche qui fut le Carmel de Pontoise ; et c'est immédiatement sur cette première branche que se greffe le Carmel de Reims dont nous résumerons l'histoire dans la deuxième partie de notre instruction.

I

C'était l'époque où la France, au sortir de la Ligue et du sensualisme énervant de la Renaissance, essayait de se refaire un tempérament plus fort et plus chrétien, dont la virilité allait constituer ce grand dix-septième siècle, l'impérissable honneur du nom français. Sur notre sol se manifestait une efflorescence de vie religieuse et monastique. Oratoriens, Bénédictins, Jésuites, Minimes, Prêtres de la Mission, Filles de la Charité, se partageaient les ministères de la sainte Eglise avec une activité féconde et partout bénie de Dieu. Toutefois, il importait que ce zèle extérieur fût alimenté au dedans par un ardent foyer de vie surnaturelle. Car, selon l'économie de la

Providence, c'est la grâce de Dieu qui seule transforme les âmes ; et la grâce ne s'obtient que par le recueillement, la prière et le détachement du cœur. Sans doute, il faut des lèvres pour annoncer la parole sainte, il faut des pieds pour la porter dans tous les sentiers des hommes, il faut des mains pour bénir et pour administrer les sacrements, il faut des esprits éclairés pour soutenir et défendre la vérité. Mais il faut surtout des cœurs toujours suppliants et toujours tournés vers le Ciel, afin que la parole ait grâce pour toucher, que la doctrine ait la vertu d'éclairer, que le sacrement soit efficace pour sanctifier. Et voilà pourquoi, en même temps qu'il faisait fleurir les œuvres du zèle extérieur, Dieu mit au cœur de chrétiens généreux le dessein de multiplier en France les organes de la prière, et d'introduire parmi nous l'ordre du Carmel réformé par sainte Thérèse.

Trois grandes âmes furent choisies de Dieu pour réaliser ce plan : M. de Bérulle, le fondateur de l'Oratoire, l'ami de saint Vincent de Paul et de M. Olier, destiné par sa science et sa vertu aux honneurs de la pourpre romaine ; M. de Marillac, le frère de l'illustre maréchal du même nom, l'oncle de Madame Legras, institutrice des Filles de la Charité ; enfin Madame Acarie, cette sainte âme que l'Eglise honore sous le titre de Bienheureuse Marie de l'Incarnation (1). Suivant la prophétie de Madame Acarie, M. de Bérulle fut le fondement de l'œuvre pour le spirituel, et M. de Marillac pour le temporel. Quant

(1) Voir, sur ces origines du Carmel français, l'*Histoire de la Bienheureus e Marie de l'Incarnation*, par M. Boucher curé de Saint-Merry.

à Madame Acarie, elle fut l'inspiratrice et la Providence de cette importante création.

Après que le monastère eut été disposé à Paris, rue Saint-Jacques, par la libéralité de M. de Marillac, il fallut s'occuper du recrutement des religieuses. Deux systèmes étaient en présence : faire venir d'Espagne les constitutions de sainte Thérèse, et sur ce type muet former des novices pour le nouveau monastère ; ou bien obtenir du Carmel espagnol quelques religieuses préparées à l'école de la sainte fondatrice, qui devinssent les modèles vivants des novices françaises. Dans une pareille alternative, des esprits comme ceux de Bérulle et de Madame Acarie ne pouvaient hésiter. Ils désiraient faire venir à tout prix des religieuses d'Espagne, de plus, ils les voulaient excellentes ; et c'était sagesse ; mais en même temps c'était multiplier singulièrement la difficulté, en demandant aux monastères d'Espagne de se dépouiller de plusieurs de leurs meilleurs sujets. Les négociations furent longues, difficiles, souvent sur le point d'échouer. Enfin six Carmélites espagnoles quittèrent leurs pays, et, à travers des périls et des entraves de toute sorte, elles arrivèrent à Paris, le 15 octobre 1604.

A la tête de cette pieuse colonie apparaissait cette Anne de Jésus, façonnée à la vie du Carmel par sainte Thérèse elle-même qui l'admit dans son intimité, en fit l'un de ses principaux instruments pour l'éducation des novices et la création de plusieurs monastères. Esprit supérieur, doué d'un rare bon sens, cultivé par une éducation brillante, cœur généreux

et fort, habitué à l'humilité et à l'obéissance, Anne
de Jésus avait le grand secret de discerner les vues
de Dieu sur chaque âme et d'en faciliter l'exécution.
« Je fais, disait-elle, marcher chacune d'elles par la
voie où la grâce de Dieu veut la conduire ; je m'atta-
che à bien connaître cette voie, et à en écarter tous
les obstacles. » On lui doit cette autre maxime :
« Faire les choses avant ou après le temps marqué,
c'est ne présenter à Dieu que du verjus ou des rai-
sins secs. » Sainte Thérèse disait d'elle : « Anne a
les œuvres et j'ai le bruit ; j'ai jeté les fondements de
l'édifice, mais elle l'a élevé et soutenu. »

Emule d'Anne de Jésus, la sœur Anne de Saint-
Barthélemy était une amante passionnée de la Croix.
Elle avait soigné sainte Thérèse pendant sa dernière
maladie, et Dieu semblait vouloir l'en récompenser
par des faveurs et des apparitions extraordinaires.
On admirait dans la Mère Isabelle des Anges une
adoratrice fervente de l'Eucharistie ; dans la sœur
Eléonore de Saint-Bernard l'esprit consommé d'oraison et de charité envers les malades ; dans Isabelle
de Saint-Paul et Beatrix de la Conception la pratique
de la mortification, du silence et de l'obéissance.

Telles étaient les maîtresses que l'Espagne en-
voyait au Carmel français. Madame Acarie servait de
trait d'union entre elles et les novices françaises qu'elle
visitait très-régulièrement, et dont elle fit en partie
l'éducation religieuse.

L'attrait de la vie mortifiée du Carmel avait bien
vite subjugué quelques âmes d'élite dans les rangs
les plus élevés de la société parisienne. C'était

Mademoiselle d'Hannivel, fille du grand-audiencier de France, particulièrement estimée de saint Vincent de Paul, de saint François de Sales et de sainte Chantal ; Mademoiselle du Vigean ; Madame du Coudray, devenue en religion Marie de la Trinité ; Mademoiselle de Fontaines, issue d'une noble famille alliée à la maison de Luxembourg, et devenue cette admirable Mère Madeleine de Saint-Joseph, qu'on a appelée la sainte Thérèse de France, grand caractère, esprit ferme et sage, confidente de la princesse de Condé, et de la piété repentante de Madame de Longueville (1). Bientôt entrent au Carmel les trois filles de Madame Acarie, et, après la mort de son mari, Madame Acarie elle-même, si avancée, dès son premier noviciat, dans toutes les vertus religieuses. Ainsi apparaît, au début de ce Carmel français, ce qu'il y a de plus distingué selon la nature uni à ce qu'il y a de plus élevé selon la grâce, la noblesse de la naissance soumise à l'oubli et aux humiliations du cloître, la culture de l'esprit embrassant la folie de la croix, les plus belles espérances selon le monde s'immolant volontairement et joyeusement pour posséder les biens éternels. Triomphe sensible de la grâce de Dieu, démonstration frappante de la divinité de l'Eglise et de la puissance surnaturelle des ordres religieux.

Faut-il maintenant s'étonner de l'influence réelle et très-salutaire que le Carmel français exerça dès son début sur la haute société du XVIIe siècle ? Quand

____

(1) *Madame de Longueville*, par V. Cousin : Appendices et notes sur le Carmel de la rue Saint-Jacques.

on étudie l'histoire de cette époque, on est frappé de
la rencontre de ce type élevé, grave et délicat, qu'un
grand évêque a appelé la femme chrétienne et française (1). Mélange d'urbanité gracieuse et de fermeté
virile, esprit ouvert aux préoccupations sérieuses,
bien instruite de la foi chrétienne dont elle sent vivement le charme, simple et naturelle toujours, elle passe
de plain pied et sans effort d'une spirituelle causerie
aux soins pratiques de la famille, aux détails de la
vie domestique, aux œuvres de miséricorde et de
charité. Ce type vraiment national nous remet en
mémoire les Sévigné, les Coulanges, les Schomberg,
les Meignelay, les Montmorency et tant d'autres. On
admire leur grand cœur joint à leur esprit cultivé, et
leur belle simplicité ; mais ce que l'on ne sait pas
assez, c'est que ce fut au contact du Carmel de la rue
Saint-Jacques qu'acheva de se modeler ce caractère
si français et si chrétien.

Les égards dus aux premiers fondateurs, l'état de
clôture encore imparfaite au commencement du
XVIIe siècle, laissaient aux dames du monde un accès
discret auprès des Carmélites. Anne d'Autriche leur
faisait de fréquentes visites, menant parfois avec elle
le jeune Louis XIV ; et l'enfant royal reçut, dans ce
sanctuaire et dans ce parloir du Carmel, plusieurs de
ces fortes impressions religieuses que ni les empor-
tements de l'orgueil, ni la fougue des passions ne
purent faire disparaître. Là, Henriette de France,

---

(1) Mgr Dupanloup, évêque d'Orléans : *La femme chrétienne et française*, chez Douniol, 29, rue de Tournon : c'est une éloquente réponse aux projets d'éducation civique et spartiate préparés aux jeunes filles.

veuve de l'infortuné Charles Ier, déchue du trône, venait chercher la résignation et la paix. Là, son illustre fille, Henriette d'Angleterre, venait puiser ces sentiments de détachement chrétien qu'une mort tragique et prématurée devait mettre à une si terrible épreuve. Là, les duchesses de Longueville et de Hautefort contractaient des goûts plus graves. Là, d'illustres pénitentes s'abîmaient au pied de la croix. Là, enfin, se faisait entendre la voix de Bossuet ; et, dans ce sanctuaire, la parole du grand évêque avait des accents de piété pénétrante, de forte et lumineuse spiritualité.

Tel nous apparaît le Carmel de Paris, le tronc vigoureux de cet arbre dont j'ai hâte de vous montrer l'un des principaux rameaux dans le Carmel de Reims.

II.

Après les troubles de la guerre civile, dont notre province avait tant souffert, il se manifestait à Reims comme un réveil de la foi religieuse. L'esprit de charité, de pénitence et de prière semblait prendre un nouvel essor. C'est alors en effet que fut fondé doté et réglementé notre Hôpital-Général ; alors que la célèbre réforme de Saint-Maur fit refleurir la discipline au monastère de Saint-Remi et dans nos autres maisons bénédictines ; alors enfin que les religieux de Sainte-Geneviève de Paris apportèrent dans notre abbaye de Saint-Denis une salutaire rénovation. Dieu lui-même, qui ne frappe jamais que pour guérir et pour sauver, était intervenu avec sa puissante main pour réveiller nos pères de leur tiédeur et de leur assoupissement ; une épidémie cruelle avait causé dans la ville de Reims les plus terribles ravages. Les cœurs s'étaient alors vivement retournés vers le ciel ; comme toujours, les mains suppliantes s'étaient élevées vers le protecteur de la cité, saint Remi ; on avait porté solennellement, à travers la ville, ses reliques si vénérées, et une fois de plus le peuple avait été délivré par l'intercession de son saint protecteur (1).

C'est au milieu de ces impressions religieuses que le Carmel fut établi dans nos murs. Reims possédait alors une seconde Madame Acarie dans la personne de Madame Elisabeth de Miremont, veuve de messire Thomas de Bouvaut (2). Jeune encore, mais avertie déjà par de douloureuses adversités de la fragilité des biens temporels, Madame de Bouvaut s'était donnée tout entière à la piété, et avait fait dans les voies surnaturelles de rapides progrès. Elle avait une merveilleuse intelligence du rôle de la prière et de la pénitence dans l'Eglise de Dieu, et un mystérieux attrait l'inclinait vers le Carmel. Digne par sa naissance et par son éducation de fréquenter la société de la Cour, elle avait plusieurs fois accompagné la princesse de Condé, dans les visites que celle-ci faisait aux

(1) D. Marlot ; *Histoire de Reims*, Tom. IV.
(2) Chroniques de l'Ordre des Carmélites de la réforme de sainte Thérèse, depuis leur introduction en France. Tom, V., p. 1 et suiv.

Carmélites de la rue Saint-Jacques à Paris. La vue de ce Carmel, dont j'ai redit tout à l'heure la touchante histoire, le parfum de piété, de détachement, d'innocence, d'esprit de sacrifice, que l'on y respirait, pénétrèrent l'âme de Madame de Bouvaut ; elle résolut de doter notre ville d'une institution aussi utile. Sur ces entrefaites, elle alla visiter le Carmel de Pontoise, pria au tombeau de la Bienheureuse Marie de l'Incarnation, se sentit plus que jamais pressée d'accomplir son pieux désir ; en même temps la prieure de Pontoise lui promit de lui donner des religieuses de sa maison pour le Carmel de Reims.

Anne d'Autriche, si dévouée à la diffusion de l'ordre de sainte Thérèse, faisait alors un voyage en Lorraine ; les magistrats de Reims allèrent la saluer au village de Nogent, et la reine leur témoigna d'une façon très-instante le désir de voir s'établir dans leur ville une maison du Carmel. La donation de Mme de Bouvaut fût donc acceptée officiellement dès 1632. Henri de Lorraine, pour lors archevêque de Reims, appuya l'œuvre naissante de tout son crédit ; et la comtesse de Soissons, dont le fils était alors gouverneur de Champagne, l'environna de sa bienveillance.

En 1633, les nouvelles religieuses arrivèrent de Pontoise, placèrent leur pieuse fondation sous le patronage de la sainte Vierge, en faisant un pèlerinage à Liesse, furent accueillies et hébergées d'abord par les religieuses de Saint-Pierre-les-Dames, puis par celles de Saint-Étienne ; et allèrent provisoirement s'installer, pour suivre librement leurs exercices, dans une maison de la rue du Barbâtre,

En 1637, les religieuses occupèrent le monastère construit par la générosité de Madame de Bouvaut. L'emplacement était assez vaste et fort retiré. Un préau régulier, orné de quelques arbres ; des couloirs garnis de statues et de tableaux qui portaient à la piété ; çà et là quelques ermitages pour mieux goûter le silence, la paix et la solitude, tout dans cette retraite répondait au but de son institution.

Comme tant d'autres, ce souvenir du passé n'a pas été intégralement conservé. La rue Libergier en a fait disparaître une partie. Toutefois ce qui en reste est actuellement en des mains trop fidèles pour qu'on puisse souhaiter en faire un meilleur emploi ; c'est en effet la demeure des prêtres de la Mission, nos vénérés missionnaires diocésains ; et peut-être les prières et les pénitences que nos anciennes carmélites répandirent dans ce pieux asile contribuent encore à féconder leurs missions si visiblement fructueuses et bénies de Dieu.

Dans cette longue suite de religieuses qui se succédèrent depuis 1637, dans la maison du Carmel, je ne puis que cueillir en passant quelques noms.

C'est Madame de Saint-Leu, devenue en religion Marie du Saint-Sacrement, dont l'innocence et la liberté d'esprit furent le plus beau commentaire de cette parole de l'Imitation : « Quel repos plus profond que celui de l'âme qui n'a que vous en vue, ô mon Dieu, et quoi de plus libre que celui qui ne désire rien sur la terre » (1). C'est la sœur Elisabeth

(1) Liv. iii, ch. 21, v. 4.

de Saint-Joseph, si heureuse dans sa vocation dont elle renouvelle chaque mois les engagements, si touchée du néant et de la fragilité des biens temporels, si dévouée aux vertus du cloître, à la pauvreté, à l'obéissance, à l'abandon complet entre les mains de la Providence. A la suite de ces grandes âmes apparaît Mademoiselle du Pertuis, en religion sœur Louise de Jésus. Spirituelle et vive, de bonne heure touchée de Dieu, elle est entrée fort jeune au Carmel. Toutefois, elle y apporte quelques illusions ; dans sa naïveté charmante, la jeune novice a gardé avec elle quelques fines serviettes pour offrir, pense-t-elle, à ses sœurs du Carmel, dans sa cellule, les collations en usage dans le monde. Mais le seul aspect de l'intérieur du couvent l'a bien vite avertie de sa méprise. Elle se donne toute à Dieu avec ce dévouement joyeux qui est le parfum et la récompense des plus grands sacrifices ; sa grâce spéciale est d'honorer l'enfance humiliée de Jésus-Christ. Elle a, pour s'encourager dans la pratique des vertus monastiques, les exemples de Madame de Bouvaut, la pieuse fondatrice, qui, devenue elle-même carmélite, sous le nom d'Isabelle de Jésus, édifie ses compagnes par son goût pour l'oraison et les austérités corporelles, et par son zèle du salut des âmes.

Parlerai-je encore de cette fille de M. de Percy, que le monde disputa longtemps au cloître ; qui, pour sauver sa vocation, eût besoin de tout le puissant crédit de l'Archevêque de Reims, Maurice Le Tellier ; elle se signala par sa pénitence et sa charité à l'égard des malades. Puis-je oublier cette Anne-

Marie du Saint-Sacrement, si remarquable par sa sagesse, sa prudence et sa douceur, si ferme et si suave dans le gouvernement des esprits ; et cette sœur Marie-Martine de Saint-François qui joint à tous les dons de l'esprit l'humilité la plus profonde et les attentions de la plus délicate charité, victime longtemps éprouvée par l'infirmité et la douleur, victime toujours unie par sa joyeuse résignation à l'agneau divin du calvaire (1).

Ce goût de l'expiation s'accentua d'ailleurs dans notre maison du Carmel à mesure que s'approchait

(1) Parmi les solennités célébrées au Carmel de Reims, il en est une qui eut, vers cette époque (21 octobre 1727), un éclat spécial ; ce fut la fête de la canonisation de saint Jean de la Croix, premier carme déchaussé.

Les archives de l'Église de Reims ont conservé de cette solennité une relation fort curieuse par les détails qu'elle nous fournit sur nos anciennes cérémonies. Voici un extrait de cette pièce, que nous devons à la communication bienveillante de M. le chanoine Cerf.

« Les religieuses Carmélites de Reims, ayant envoyé leur confesseur pour prier MM. du Chapitre de l'église de Reims de vouloir bien faire en leur église l'ouverture de la solennité de la canonisation de saint Jean de la Croix, premier réformateur de l'ordre des Carmes, le Chapitre leur accorda leur demande, et conclut qu'on irait processionnellement en leur église, le mardi 21 octobre 1727, y célébrer la grand'messe pour l'ouverture de la susdite solennité. On renvoya au s' sous-chantre, pour en régler les cérémonies : avec lequel les religieuses étant convenues de toutes choses, elles envoyèrent leur confesseur prier MM. du Corps du Présidial, de l'Élection et de la Ville, d'assister à la cérémonie de cette ouverture. »

... « Comme les religieuses avaient fait prier qu'on fît chanter le *Veni Sancte* par les enfants de chœur avant la grand'messe (quoique ce ne fût pas l'usage de le chanter hors l'église de Notre-Dame) on ne laissa pas de leur accorder cette demande, et tous les officiants étant revêtus dans la sacristie, ceux des enfants de chœur qui étaient revêtus d'aubes et de tuniques pour la messe, le chantèrent, à genoux, au bas des degrés du chœur, comme aux fêtes de premier double. »

• La messe fut chantée en musique avec les orgues et les cérémonies d'un second double solennel : la reprise de l'*Introït* après le *Gloria Patri*, et *Habemus ad Dominum*, etc., de la Préface, furent chantés sur le livre en faux bourdons : l'offertoire et le *Domine Salvum fac Regem* en musique. L'Épître, le Graduel, l'Évangile furent chantés à la tribune qui avait été pratiquée au bout de l'église ; on y conduisit le sous-diacre pour l'Épître ; les Procédants

davantage le grand orage social de la révolution française. L'orage ne put être conjuré, mais, comme toujours, il fut pour notre Carmel de Reims l'épreuve qui sanctifie et même qui console.

La fièvre révolutionnaire venait d'arriver à son paroxysme dans les cerveaux depuis longtemps surexcités par les déclamations de la presse et des clubs. Dès les premiers jours de septembre 1792, d'épouvantables massacres avaient eu lieu dans les prisons et dans les maisons religieuses de Paris ; à l'Abbaye, à Saint-Firmin, aux Carmes. Reims eut aussi ses sanglantes saturnales Au milieu de ce désordre, les agents des clubs se portent vers la maison du Car-

pour le Graduel et l'*Alleluia* et l'Evangile, avec le cierge et l'encens.......
On ne porta pas le texte à baiser : on n'encensa pas pendant la Préface à cause de la petitesse du lieu. »

..... « MM. les chanoines, semainier, diacre, sous-diacre et quatre procédants, étant revêtus dans la sacristie, et le *Confiteor* y ayant été dit, sur la fin de l'Introït, ils vinrent à l'autel en la manière ordinaire, conduits par les deux coutres laïcs en robes et baguettes, qui se placèrent des deux côtés des degrés au bas de la balustrade, où ils restèrent à genoux ; après eux marchaient deux séminaristes avec leurs baguettes, qui restèrent dans la nef ; puis deux enfants de chœur revêtus d'aubes et de tuniques blanches portant deux chandeliers avec deux cierges allumés ; ensuite les deux enfants de chœur, revêtus de même, avec leurs encensoirs dont ils encensèrent jusqu'à ce qu'ils fussent arrivés au bas de l'autel ; puis tous les autres officiants, le sous-diacre portant le livre des Evangiles sur un coussin, et le diacre portant la croix de l'autel. »

« ... Les enfants de chœur (au Kyrie) portèrent les *Paix*, les potelets, le bassin, l'aiguière, les deux calices ; et le chanoine mineur revêtu de l'aube et de la tunique, le troisième calice...... »

..... « On prêta tout aux religieuses : l'argenterie, bancs, tapis et les ornements de Louis XIII, de Henri II, de du Bec. »

« La procession retourna solennellement à la cathédrale. Pendant les jours de l'octave la messe et les vêpres furent chantés par les religieux de Reims. La bénédiction du T. S. Sacrement fut donnée tous les jours par les dignitaires et chanoines de N.-D. Madame L'Evêque, supérieure des Carmélites, envoya une lettre très-honnête à MM. du Chapitre, pour les remercier. Le Chapitre donna 150 livres aux religieuses, à cause de leur pauvreté. »

mel (1). Les Religieuses n'avaient pris aucune précaution, ne pouvant croire que l'on s'en prît à des femmes inoffensives, qui ne demandaient qu'à être oubliées. Mais, elles priaient... et le soin de tuer la prière sur le sol de la France n'est-il pas pour certains esprits beaucoup plus urgent que la protection de l'agriculture, l'armement des frontières, l'amélioration des procédés administratifs? Au bruit de l'orage qui déjà gronde à la porte du couvent, les Carmélites de Reims se réunissent dans leur chapelle; et là se passe une scène digne des catacombes. Le saint ciboire est tiré du tabernacle; chaque religieuse s'approche, et, à défaut de prêtre, prend, avec une cuillère d'argent, un certain nombre d'hosties consacrées, pour les soustraire à la profanation; cette lugubre cérémonie s'accomplit au milieu des larmes. Bientôt les émissaires de la révolution pénètrent dans la maison, en bouleversent le pauvre mobilier, pillent la chapelle, mais cependant respectent la personne des religieuses. Toutefois il fallut se hâter de partir pour l'exil. Les Carmélites, au nombre de quinze, s'éloignèrent dans deux voitures, se dirigèrent vers Charleville où elles furent exposées à de véritables dangers; elles purent bientôt gagner Couvain où elles séjournèrent peu de temps, et arrivèrent à Bruxelles. Là, elles trouvèrent, mêlé aux exilés, le vénérable archevêque de Reims, Angelique Talleyrand de·Périgord, dont les vertus sacerdotales

---

(1) Les détails qui suivent sont empruntés à un manuscrit que les dames Carmélites de Reims ont eu la gracieuse obligeance de mettre à notre disposition.

consolaient du moins l'Eglise de la triste défection dont sa famille offrait le spectacle; auprès de lui étaient plusieurs membres du clergé rémois, entre autres ce vaillant abbé Delvincourt, déjà le conseil de son évêque, et destiné à devenir le restaurateur de nos séminaires, l'administrateur intelligent de la cure de Charleville, et le suppléant de l'évêque de Metz dans l'administration spirituelle du département des Ardennes. Tous s'intéressèrent à la situation de nos Carmélites, et s'employèrent à adoucir leur sort.

Mais les armées de la Révolution s'avançaient rapidement, et les meneurs jacobins répandaient dans le Brabant les persécutions religieuses et les sacrilèges. Les Carmélites quittèrent Bruxelles, et se retirèrent chez les Carmélites d'Anvers. Celles-ci, par une coïncidence touchante, rendaient à leurs sœurs de Reims, l'hospitalité de l'exil. C'était en effet au Carmel de Reims que, pendant la persécution de l'Empereur Joseph II, s'étaient réfugiées les Carmélites anversoises; l'une d'elles était même devenue prieure de la maison de Reims. Aussi devine-t-on facilement l'accueil que nos Carmélites reçurent à Anvers.

Mais bientôt Anvers ne fut plus une retraite assurée; on se dirigea vers le Rhin et l'on gagna Düsseldorf dont la population catholique, restée si ferme dans sa foi, reçut les Carmélites avec une généreuse et compatissante piété. Le Carmel de Düsseldorf était à l'étroit, et ne pouvait guère offrir asile à quinze nouvelles venues. Mais les Carmélites allemandes ne voulurent absolument pas permettre que l'on séparât les religieuses françaises, et que l'on rompît des liens si fortement serrés par les malheurs de l'exil; elles quittèrent leurs cellules qu'elles abandonnèrent à leurs sœurs de France, et se retirèrent au grenier où elles couchèrent sur de la paille. On vécut quelque temps en ce Carmel de Düsseldorf dans la charité, le recueillement et la paix. Là, nos religieuses reçurent plusieurs fois la visite de l'Archevêque de Reims qui vint dans leur chapelle célébrer la sainte messe, distribuer la sainte communion, et fortifier les âmes de ses encouragements et de ses conseils. Scène touchante, où le successeur de saint Remi, exilé sur les bords du Rhin, venait poser un instant sur le sol d'une humble chapelle son bâton pastoral brisé par la révolution, et de tous les fidèles de son antique Eglise, n'avait plus autour de lui que quelques pauvres Carmélites abîmées dans la prière et dans les larmes.

La sécurité dont on croyait jouir à Düsseldorf fut bien vite troublée. Un matin, à l'improviste, les bombes françaises tombèrent sur la ville. Ce fut un épouvantable désastre, «capable, dit la pieuse relation, de donner une image de la fin du monde.» Les religieuses s'éloignèrent précipitamment, et s'avançant à pied à travers les terrains bas et fangeux qui bordent le Rhin, elles arrivèrent, après des fatigues et des souffrances inouïes, dans la petite ville d'Essen. Là, elles rencontrèrent les religieuses de la Providence de Charleville; puis elles gagnèrent le bourg de Hamm où elles reçurent de nouveau la bénédiction de leur archevêque toujours fugitif, et se retirèrent à Munster.

L'hiver y fut rude et fort difficile, malgré les soins compatissants dont elles furent l'objet. Mais il fallut encore s'éloigner. Paderborn fut leur dernière étape; elles y restèrent huit ans. Le prince-évêque les secourut de ses deniers; le chapitre leur fournit des ornements pour leur chapelle; la population leur porta des vivres. Là, nos Carmélites rémoises essayaient encore de tromper leur exil par quelque image de la patrie absente; et si l'archevêque de Reims n'était pas là, c'était du moins un de ses suffragants, Monseigneur de Machault, évêque d'Amiens, qui allait célébrer parfois le divin sacrifice chez nos Carmélites, et donna même le voile à quelques postulantes.

Epuisées de préoccupations et de fatigues, la prieure et la sous-prieure finirent à Paderborn leur pieuse et douloureuse carrière; et la ville s'unit au deuil de la communauté. Enfin, en Juin 1802, les portes de la France et de la ville de Reims se rouvrirent à nos exilées.

Après des pérégrinations diverses, elles rentrèrent dans leur ancienne demeure. Mais voici venir 1814; les Russes sont aux portes de Reims; les Carmélites élèvent en faveur de leur patrie leurs voix suppliantes vers le ciel. Elles se consacrent au Sacré-Cœur de Jésus, s'engagent à faire une amende honorable le premier vendredi de chaque mois, et à célébrer très solennellement la Fête du Sacré-Cœur. Or ce fut précisément le lendemain du jour où elles acquittaient pour la première fois leur pieux engagement que les Russes commencèrent à défiler et s'éloignèrent de la ville.

Mais, je touche à l'histoire contemporaine ; et je dois m'arrêter ; car je ne veux ni désobéir à l'Esprit-Saint, ni contrister le cœur de sainte Thérèse. Je ne louerai donc que les morts, laissant aux vivants le soin plus méritoire de préparer, par la sainteté de leur vie, les éloges que pourra leur décerner le prochain centenaire (1).

Mes Révérendes Mères, mes Frères, tout anniversaire de famille a pour résultat de resserrer les liens qui unissent les membres rassemblés au même foyer ; tel sera aussi le couronnement de ce pieux triduum. Héritière des traditions d'une ville qui, pendant plus de deux siècles a environné cette maison du Carmel d'un respect sympathique, la population rémoise s'attachera avec une charité nouvelle à cette pieuse communauté ; elle aimera à lui confier, pour être présentées à Dieu, ses peines, ses inquiétudes et ses espérances ; elle aimera à venir dans ce sanctuaire nourrir et fortifier sa piété ; de temps en temps, elle amènera ici l'élite de ses filles désireuses de répondre aux attraits d'une vocation dont l'austérité a séduit les meilleures âmes et a été pour leurs familles le principe des plus abondantes bénédictions. Pour vous, mes Révérendes Mères, vous continuerez au milieu

(1) La révolution de 1830 voulut inquiéter nos Carmélites. M. Andrieux dissipa les rassemblements, et la garde nationale sauva le couvent.

En 1857. le 12 juin, Mgr le Cardinal Gousset posa la première pierre d'un couvent nouveau que les Carmélites élevaient dans l'ancienne maison des Carmes. rue du Barbâtre. Elles prirent possession, en mai 1868. des bâtiments, qui furent construits sous la direction de M. Brunette, mais selon les règlements du Carmel.

de nous votre mission d'édification et de prière. Vous prierez pour les morts et pour les vivants, pour ces besoins multiples qui réclameront votre assistance ; vous prierez pour le succès de ces vocations ecclésiastiques et religieuses, qui deviennent, à l'heure présente, d'éclatants miracles de la grâce de Dieu ; vous prierez pour ce clergé qui travaille dans la tempête et dans la nuit ; pour ces âmes fidèles qui sentent le prix de la grâce et désirent la faire fructifier ; pour ce peuple si digne d'intérêt auquel on voudrait arracher les consolations de la Foi. Et ainsi unie dans la charité et la prière, cette Eglise de Reims verra encore de longs et d'heureux jours. Ainsi soit-il.

Imprimerie coopérative de Reims, rue Pluche, 24 (N. Monce, dél.).

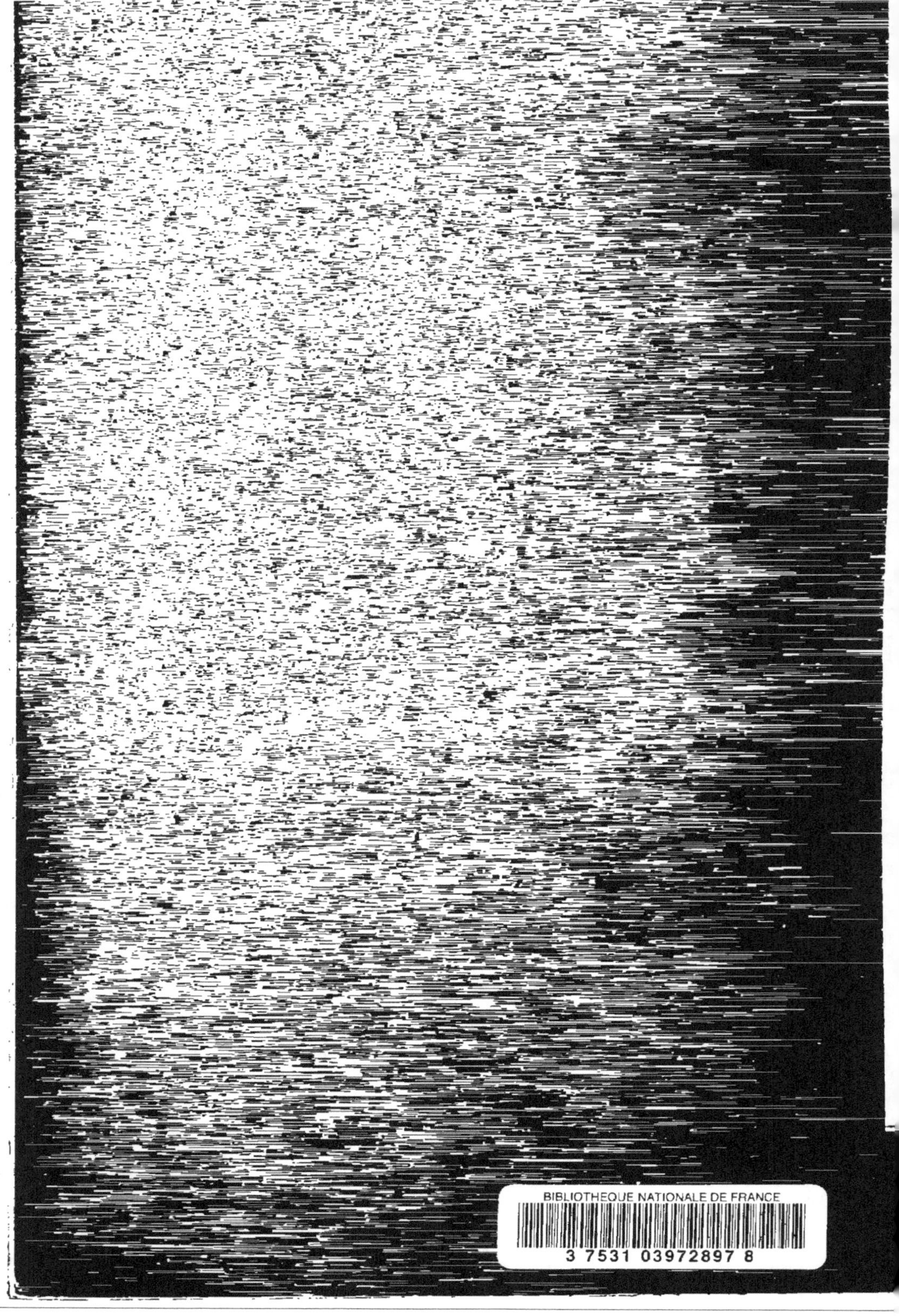

www.ingramcontent.com/pod-product-compliance
Lightning Source LLC
Chambersburg PA
CBHW061724060726
47597CB00006B/2547